AF275531

PÉTALOS EN EL AIRE

PÉTALOS EN EL AIRE

Irma Pulicastro

Valparaíso
EDICIONES

Número 508 de la Colección VALPARAÍSO DE POESÍA
dirigida por FEDERICO DÍAZ-GRANADOS

Imagen de portada: fcscafeine
Maquetación: Paola Hormechea Cuéllar

Primera edición: abril de 2025
© De los poemas: Irma Pulicastro
© Valparaíso Ediciones
C/ Fray Leopoldo, 7 Bajo 18014 Granada
www.valparaisoediciones.es

ISBN: 979-13-87538-63-7
Depósito Legal: GR 1129-2025

Impreso en España - *Printed in Spain*
Gráficas Gami

Cualquier forma de reproducción, distribución, comunicación pública o transformación de esta obra solo puede ser realizada con la autorización de sus titulares, salvo excepción prevista por la ley. Diríjase a CEDRO (Centro Español de Derechos Reprográficos) si necesita fotocopiar o escanear algún fragmento de esta obra (www.conlicencia.com; 917021970 / 932720445)

El papel utilizado para la impresión de este libro está calificado como papel ecológico y procede de bosques gestionados de manera sostenible.

PÉTALOS EN EL AIRE

Blake

¿Dónde estará la rosa que en tu mano
prodiga, sin saberlo, íntimos dones?
No en el color, porque la flor es ciega,
ni en la dulce fragancia inagotable,
ni en el peso de un pétalo. Esas cosas
son unos pocos y perdidos ecos.
La rosa verdadera está muy lejos.
Puede ser un pilar o una batalla
o un firmamento de ángeles o un mundo
infinito, secreto y necesario,
o el júbilo de un dios que no veremos
o un planeta de plata en otro cielo
o un terrible arquetipo que no tiene
la forma de la rosa.

JORGE LUIS BORGES

PASTORA

Pastora tenía los ojos del mar…
Con el azul intenso de un horizonte calmo
De aguas muy profundas…tanto,
Que uno podía adivinar que allí descansaban
muchos recuerdos hundidos como tesoros salados.
Yo amaba el misterio de sus silencios custodiando mi mano,
era como un ángel …frágil…de besos cálidos,
y caricias benditas por un vuelo de gaviotas.
Alzaba nuestros miedos y los mimaba
con la magia sencilla de hacer de cualquier cosa un juego.
Nos sumergíamos en su cajón repleto de tapitas…ruleros,
retazos de la vida cotidiana;
entonces remendábamos cada objeto… hasta construir
                                                    sueños
que desde allí zarpaban, capitaneados por su sonrisa…
un puerto seguro donde la infancia amarraba.
Allí en aquella casita de" Pola" encontré que hay un
                                        lugar para cada uno
esperando ser descubierto,
y que crecer es simplemente iniciar la búsqueda.
La nostalgia es un descanso en el camino…
La felicidad se trata de saber mirar sin enfado…
Una cuestión de ánimo
que a fuerza de pucheros…jotas y rezos con dulce
                                            acento gallego
día a día sembrabas en las almas…
Ablandaste el terreno para que los sentimientos
                                        afloraran puros

y les diste la forma de tu amor con gustito a pan.
¡si supieras mi ángel querido que has inspirado lo más
noble en mí!
Has guiado mis pasos con ternura,
evitaste que el dolor ahogara la mirada
y tus bendiciones aún abrigan mis palabras...
Estás en el corazón,
amparando los sentimientos como la humilde Pastora
que aun cuando la tormenta azota,
o cuando el frío intenta doblegar su empeño,
lidera el camino...
Sin prisa, no teme ni ante la furia del lobo hambriento
y da la vida por su pequeño rebaño.

ALAS A LAS TRES

Son las tres
Miro… espero…desespero …pero nada.
No se abre la puerta de calle, pero sí mi angustia.
¡cuántas horas de mi vida esperando tus milagros!
Tus abrazos y besos mágicos
los caramelos y un universo de menta fresca
Entonces … el reloj del alma no se detenía nunca
ni dejaba de crear.
El afán de la vida se pausaba hipnotizado al abrigo de
tus palabras las tardes eran cálidas …y tu mundo mi
                                                    hogar …
¡Mi sonrisa …tu conquista!
Sabios …valientes …soñadores. Cómplices en el infinito
                              mundo de la mirada amada.
La casa libre de tristeza era una fábrica de sueños
                                                    insaciables.
aplaudidos por tu deseo de soltarlos a volar…los vimos
                              partir altos y decididos.

Fue una noche, oscura, en un abril sin flores
que, a hurtadillas, bebiéndose el aire …el destino
deshojó los cuentos
poniéndole fin a la infancia,
dejó nuestros cuerpos fríos huérfanos de felicidad
El reloj se detuvo…quedé suspendida en una realidad
dolorosa y sangraron penas sobre la infértil soledad del
                                                    desencuentro.
Las metáforas desorientadas se estrellaron contra el suelo.

¡¡¡Pero qué digo!!! Si aun sabiéndolo me asomo al patio.
Alas a las tres... ¡el reloj abuelo! está funcionando
porque el corazón aún palpita tu ritmo
porque los besos en el alma descansan vivos...
porque desplegamos el mismo vuelo juntos
El reloj abuelo... está funcionando
no se volverá a parar.
Serán las tres...las cuatro
aunque de reojo...aún sigo mirando al patio.

ADIÓS

Después de la lluvia,
un desierto sin enojo se apoderó de sus miradas...
los últimos besos cayeron en otoño,
en lo más profundo del alma.
Con el sabor amargo de la pasión sin retorno,
sin más despedida que un incómodo silencio,
dieron vuelta en la esquina del olvido...
no obstante, rescataron lo más noble de su historia.
Recorrieron paso a paso los instantes interminables de
inicios prometidos, con la emoción de no haber sido para
el amor.... Dos extraños.
Acariciaron los sueños que despertaron juntos,
hasta las heridas de un invierno qué escuálido de verbos
esculpió fríos rasgos de la madurez en llamas.
Se refugiaron de los mismos miedos...compartidos en la
almohada.
Bebieron soledad cuando faltaron palabras.
¡cuánto dolor les produjo dejar de dar vueltas
¡¡Y encontrarse frente a frente para poner fin a su historia!!

No al amor.... Que los grabó para siempre en la estación
de las flores.

AMAR

Cómo agotar las palabras y decantarlas
hasta hallar el sentido puro de la esencia efímera,
Y encontrarte revoloteando mis horas en una telaraña
                    de pensamientos invisibles...
Pero propios...
Rescatar la tímida frescura del rostro ingenuo
perdurar el encanto de un abrazo flotante...místico
intrínseco en la memoria de un día desconocido
anónimo en el almanaque de la humanidad...
Pero propio...
El protagonismo de mis labios me confunde en su sabor
                                        erótico
encendidos ...los sentidos despabilan la pasión que
                        recorre impaciente mi ser
y yo sonrío tenue...
como si el atardecer me perteneciera en la piel...
En lo propio.
Tirana la distancia tiende sombras como redes
los pedazos inconclusos del poeta se hacen añicos
una y otra vez ...por el temor de no hacer el poema de
                        amor que merezco
La soledad me palpa hasta sobornar las ilusiones de tus
                                        besos
Y con caricias me seduce como la muerte en su enigma.
Desespero...
Porque lo propio se diluye hasta la esencia misma que
                        desconozco y pierdo...
Porque la piel se estremece entristecida

por la lluvia intensa del llanto interno.
La noche se prolonga en eternidades…en vacíos
hasta sentir la vergüenza por lo impropio…

¡Poeta sálvame!
Abre la puerta de la inspiración divina
que el amante despierte mi cuarto frío hasta escandalizar
la muerte Y sus vanidades…
Escribe audaz la fuerza del deseo, ese ímpetu glorioso
que desmorone …la eternidad de lo propio
por lo nuestro.

ANOCHE

Anoche...
Anoche supe que amarte conmueve el infinito,
y que las estrellas por un instante tocaron la luz de
                                    nuestros labios,
sólo para bendecir los besos...en un horizonte repleto
                                    de abrazos.
Anoche...
las palabras no bastaron para saciar el alma que desnuda...
danzó silencios apasionados...
Y fue libre para seguir rezando cada suspiro como
                                    pequeños milagros.
Anoche...
El tiempo fue nuestro cómplice y dejó que los segundos
se inmolaran en la memoria de la eternidad, para
emocionarse juntos...por los momentos sagrados.
Anoche...
Desabroché cada miedo hasta agotar la razón que los
                                    hace poderosos,
los vi rendidos...sin mi rostro ...se perdieron en la
                                    invisibilidad del fracaso.
Anoche...
La mujer tuvo la forma perfecta de la creación, fue el
manantial donde los sueños se desperezan para que la
                                    realidad se purifique
y calme las heridas de la desazón.
Anoche....
L a luna se nos aferró a la piel
nos dejó el aroma a miel que emana de sus poros,

ella tan blanca y plena…no dejó que en la oscuridad sucumbieran ninguna de las promesas que le hicieran una a una nuestra miradas.

Promesas de que cada noche como anoche…habrá aroma a luna en nuestra almohada.

CAMBIOS SEDIENTOS

Se desgarraron los buques de mis aguas…
Se expandieron los inviernos en mis fríos
Y cargué….

      Almanaques con ideas desahuciadas
      Espejos sin reflejo …partidos
      Horizontes reprimidos en miradas congeladas…
      Valientes castigados…agonizando plegarias.
Se quebraron las imágenes de un amanecer obviado.
Se hicieron al vuelo un par de sueños bobos y quedaron….

      En un banco sin madre un parque sin sentido
      En un loco la esperanza de construir
                    amaneceres autografiados.
      En un ave contemplado…. La silenciosa
                      ansiedad…
Ser libres.
Y después… de ver al hombre caminando sin ley
De ver nacer naturalezas muertas
Melodías no autorizadas…miedos absolutos
A la justicia…violada.
De ver a los ridículos en sabios
Al asesino triunfante… libre y respetado
Al orador con idioma ajeno.
Encuentro…

      Hambre de soñar
      De desenmascarar traidores
      De instalar una sola idea…nosotros
      De sentarme en un banco

Y acompañar con mi risa al niño.
De hacer cuentos ciertos…hasta aferrarme a las
                                    raíces de un nuevo ser
Para seguir creyendo….
        En un amanecer de tiempo vivo
        En un crecer de a dos
        En una sola voz…el pueblo.

CANCIÓN DE CUNA

Duerme pequeño…que por tu sueña trepa la luna
para despertar en el infinito…abrigada en tu blancura.
Duerme…
que el resplandor se engrandece en la pureza de tu
niñez amada y entre tus juegos se acunan las ilusiones
                                        esperando…
que tus manos al fin puedan moldearlas.
Duerme…
que el tiempo en tu corazón desafía el ritmo en una
                                danza ilimitada,
y girando en el asombro el silencio se emociona
al verte ensayando tu primer palabra.
¡cuántos poemas respiran tus sábanas!
¡cuántas auroras te besan el alma!
Hijo…
que enciendes las estrellas con sólo mirarlas
y a Dios alabas con sólo desearlas
tu sonrisa es el sol que rescata mi ventana.
No dejes que el miedo empañe tus lágrimas, no permitas
                                una noche sin luna
ni que la eternidad ciega se rinda en las tinieblas.
Haz que tu sueño sea libre de volar tras las águilas,
que de tu nombre se desprenda la brisa fresca de cada
                                mañana…
Para que los ángeles te despierten al amor con sus
                                campanas.

DE CONTUSOS Y SOMBRAS

Garúa sobre un tango
de suburbio entrelazado,
puchos en ruinas de reloj.
Desnuda de estrellas, cae la noche sin sombra.
Y al envido con un truco la miseria roba el juego.
Sin arnés alquila tregua el mendrugo medio hombre.
Ciudad en asfixia...caos ...desolación.
Comodín astuto un discurso superfluo
y en subte la inmundicia muda vicios
sin estación para los sueños.

Garúa sobre un tango,
que agoniza al exhalar el último bandoneón
Besos fugados...hambre...
Acertijo de irresoluble existencia,
cubiertos de niebla los locos y un invierno descalzos
                                        vagan aire.
Y a la deriva los cuerpos
recorren sin prisa los rasgos asfaltados.
Contusos y sombras
ojos empañados...un tango se derramó.
Garúa sin tregua sobre la tierra infértil
que exhibe ley a favor de lo justo...pero gobierna lo
                                        injusto,
y un motivo de sangre hace mares...
porque el verbo hace piruetas de bufón.

CORRUPCIÓN

Esfumaron formas en colores tenues
Conspiraron…deshaciendo la historia
     Niñez fugaz…lejana.
Ahogaron voces en un eco profundo
     Conciencia sin ley.
Hirieron la mano del peregrino que entrega….
     ladrones…infierno cruel.
Arrojaron otoños en los mejores libros….
     Mundo a la deriva…
     autores naufragando
Tomaron por el cuello los frutos del pensar
     Hambre …dolor, eterna
  la tristeza apesadumbra los párpados del soñar.
Deshicieron los rostros...
quebraron los brazos…
Agobiaron el paso para que la huella de la muerte se
     hundiera fuerte
sobre las ilusiones de los más débiles.
Ellos…los divisores de sueños, ideales y formas
que establecen fronteras en cuerpos humanos
sangrando la tierra que los parió.
Ellos… que abortaron la historia
que deshicieron poemas enmudeciendo metáforas.
Ellos… que esfuman nuestras formas, conspiran odios
y beben el alma hasta secarla.
Ellos son...
traidores que sin ser pueblo visten patria.
bufones que se mofan de la verdad, vendiendo promesas…

haciendo espejismos en un desierto de impunidad y
lágrimas.
Los políticos sucios
Los mediocres
Los pesimistas
Los egoístas
Los serviles que sobreviven a las sombras
y los que no creen en el hoy haciendo del vivir…nada.

DANZAR

Danzar horas en suspiros prolongados,
contar los pasos del alba doliente...
y perderse en el eterno tic tac del sueño apresurado.
Besar la tarde de giros perfectos contorneando la forma
del amante invisible.
Rimar confuso de almas solitarias... abrazando el infinito...
trazo puentes en mi mente.
Estrellar noches de cuerpos distanciados...
girar...girar... hasta alcanzarte en un presente diferente.
Y entre tus manos, al compás de una mirada con sabor
a mar
latiendo los mismos puertos...danzo...
Hasta calmar la incertidumbre por el paso siguiente
Sonriente...
bailo fundiéndome en ternura firme de tus brazos
y me refugio en cada suspiro que enciende,
la ilusión de ser eternamente dos navegantes...
fugando silencios ...despeinados bajo un sol que en clave
desabrocha melodías hasta agotarse en el arte de unos
besos nuestros, y se escabulle en la pasión que siento
cuando tu nombre pronuncio
buscando giros perfectos.

EL VIEJO

Insolente y revolucionado
tu cabello lidera las formas del viento

Me detengo a observarte
Indagando tus prisas
Juveniles.
Mi imaginación no cesa
en su intento
de respirar un poco de tu aire fresco.
Y mientras observo...
en el espacio reducido de las ideas,
hago retratos de partes inconclusas...
de historias inconsistentes.
Las migas de pan se pierden entre los dedos.
Las palomas alimentan mi pulso débil
y con sus caricias sacian
el roce con la piel
Te sigo observando,
inquisidor de tus tiempos
enredado en tu morena ingenuidad...
Buscando hundirme en tu mirada
por un instante,
pretendo pertenecer un segundo
Al predicado de tu día.
Pasas desafiante
y apenas te alcanzan mis pensamientos.
Sin embargo.
el perfume embriagador de tus sueños

ha invadido el espíritu del parque
llevándose el vuelo de las aves
y la sonrisa del viejo.

DESENGAÑO

Se fueron descubriendo una tras otra las mentiras de sus
                                                    labios.
Cayendo en un desorden otoñal...
las lágrimas desnudaron la verdad presa en la garganta.
Los gritos volaron las sábanas
y el dolor hizo eco en todas las oraciones.
El cuarto a la deriva en un mar de reproches
náufragos en rencores los ojos queman de furia.
La mujer busca frente al espejo un rasgo de felicidad
pero el rostro es un camino repleto de soledades,
que la muerte recorre sin prisa.
Él que ha bebido hasta agotar los últimos rojos de la tarde
no logra calmar el desierto de sus manos …
Las caricias se le escaparon como palomas asustadas.
Sin embargo…
amanecieron juntos
con un frío sopor merodeando sus almas inquietas tras
                            una larga noche de insomnio
fundidos en esa húmeda ilusión que deja…
el haber llorado por ambos.

DESOLACIÓN

18 / 7 / 1994 atentado a la AMIA en Argentina
Un antes y un después... a sus víctimas
Mi respeto...me duele su dolor eterno...

Estoy aquí.
Pienso sobre la muerte cubierto de polvo...
ahogando con su lazo impiadoso mis entrecortados
$\qquad\qquad\qquad\qquad\qquad\qquad\qquad$ respiros
¿Qué hora es?
La eternidad pesa sobre mi ser inmóvil
Y espero...desespero.
los espacios reducidos de mi existencia en dolor.
Pienso, no dejo de sentir el derrumbe de los miembros
que se rinden bajo una intensa lluvia de sangre.
Rojo es el color que ahoga
las ideas confusas del miedo sudoroso y obscuro.
¡quiero salir! Me pregunto... ¿qué hora es?
Arde el rostro,
la aspereza cruda de la realidad lo crucifica.
Víctima de un recurso salvaje
el desconcierto abraza mis fríos presagios.
Rehúyen los sentidos al destino final
y me aferro al tiempo para saberme vivo;
Sin embargo, sé...irremediablemente...
que nadie escucha el alboroto de mi mente.
A ciegas...
los párpados se desmoronan vencidos por las lágrimas
que recorren la fisonomía del horror,
aliviando el fuego de los labios partidos por el desastre.

Exhalo y te nombro amor…
Una y otra vez….
Belén… Belén…
Amparándome en la ternura de tus caricias
te dibujo…te grito…te alcanzo…
y desmayo en el beso profundo de la muerte.
Atravieso el aire y la desolación
soy el aire que respiras…
que se desliza
por tu cabellera firme …valiente
desafiando huracanes de odio
Te veo
levantando cada escombro del pasado
…latiendo mi nombre en tu memoria
haciendo eco con el alma y los recuerdos
Te grito una y mil veces
hasta escandalizar el silencio de mis huesos
¡Belén …Belén! estoy aquí…
¡Te sigo amando!

DOS EXTRAÑOS

Amanecimos sentados a la orilla de la estima personal
íntimos y extraños
trazamos los contornos del dolor sobre la piel.
Del abismo a la luz…
del éxtasis al desánimo
fuimos y volvimos…
hasta beber mentiras y embriagarnos.

Del mar…. Nos queda la sal que agita la marea
la humedad rozando nuestra desnudez bendita…
el vaivén de las caricias y un horizonte que sin puerto
para el amor
nos condenó al naufragio…

Amanecimos… y nos abandonamos
dejando huérfana la costa que nos contuvo en un silencio
sostenido en las heridas que callamos.
Nos vestimos sin mirarnos
hasta perder las huellas en arenas diferentes
sobrios de pasión
nos perdimos… hundidos en la multitud
Como dos extraños…

HASTA QUE DUELAN LOS PIES

Respiro hasta embriagarme de vida
Transito mi tiempo deleitando los sentidos
amando intensamente
Todo lo miro desde la profundidad de mi ser
Palpo las cicatrices sin dolor
se han transformado en caminos
abiertos
Abrazo fuerte
Sonrío conmovida
El cáncer no me ha convertido en sombras
no me atravesó el alma ni me enfureció
tampoco me hizo fuerte ni poderosa
el sólo fue una circunstancia más
inoportuna y abusiva
Pero no me ha encontrado sola ni rendida
ni siquiera me ha Entristecido
La vulnerabilidad nos humaniza
nos acerca a Dios
y eso simplemente me ha transformado
Mi gratitud por la vida es infinita
Y amo …amar
La imperfección puede ser bella también
sólo hay que darse la oportunidad
de soltarse a caminar…
Y andar …andar y bailar hasta que duelan los pies.

HEDIONDOS HUMORES

Entre lo absurdo y lo impredecible...
abrumadas horas insípidas e inquietantes,
desnudan pensamientos escuálidos de una mente
                              trasnochada en sudor
La fiebre consume su miedo y el destino es un laberinto
                              desierto, agonizante

Sin oxígeno...
exhala presagios nefastos
El la observa inmutable
no lo conmueven ni súplicas
ni rezos ...ni ilusiones
Espera...como animal herido
su cita impuntual
hasta que la tarde se destiñe en los rojos intensos de su
                              puñal sentenciador
que apaga la inofensiva brisa de aliento joven
Sin testigos
sin sentido
sin pulso...
La noche se llevó todo...
dejando un silencio insoportable
repleto de hediondos humores.

IMPARES

Se movía extraño...
Trepó árboles
Remontó nubes
Abrazó sonrisas inválidas...
Suspiró una canción en un oído sordo.
Miró una vidriera...se sintió vidriera.
Me senté a su lado en un banco dibujado en las ganas de
dibujar.
Paseamos en silencio
nos sabíamos con pasos distintos
con formas de vivir ajenas.

Tuve frío....
lo vi remontarse para mí en un mar de estrellas móviles
me invitó a volar...
Sonreí...pero tenía frío.
Tuve hambre,
lo escuché cantar
lo vi distraer las formas de su cuerpo en una danza mímica,
me invito a bailar...
Sonreí...pero tenía hambre.
Tuve miedo
lo vi romper vidrieras.... Disfrazarse
abrigar lágrimas ajenas
caer y levantarse
Y lo vi... como un quijote pelear contra las sombras de
la miseria
hasta sangrar ...cada vez que la pena se apoderaba de
alguien...

Y lo vi....
Cuando lo hicieron vidriera
cuando gritaron ensordeciendo sus oídos
cuando lo corrieron consumiendo el aire
cuando lo ataron cortando el hilo de su barrilete.

¡¡¡Loco!!! Dijeron fuertemente
Y mostraron que las huellas de su vida eran impares...
Me pidió ayuda......

        Sonreí...tenía miedo.
Sola ...
Quise sentarme en un banco dibujado en las ganas de
               dibujar...

        Lloré como nunca...me había caído.

INCIENSO

Incienso
Atenuando inquietas pasiones
de amor inconcluso…esfumado.
El rostro deambula
penumbras entre la multitud.
La sangre arde sus límites estrechos
y entre
áridos susurros de soledad ingrata
la vida desgarra la carne
en íntima agonía
Verdugo el invierno apaga la mirada
extraviando todo atisbo de deseo.
Besos negados…
escuálida de luna la noche desespera
el silencio es un agujero negro denso …invisible
donde la luz y su esplendor se diluyen en la finitud infértil
de un cordón umbilical envejecido….
Incienso entre canas
la voz aguarda un nombre que la desnude
un canto que despabile los sentidos
inmutables de su cama febril
donde las ilusiones se construyen entre hermosos
                              bordados…aún vivos.
incienso entre los dedos
cubriendo heridas escalan rosarios,
la mujer rendida
balbucea recuerdos…
Sus brazos desorientados …sin abrazos

ajustan el manto sobre el cuerpo sin misterio.
Amor sin amapolas...
Sin confesiones...
Sin promesas…
Amor sin amor
El primer pecado.

INSISTO

Insisto…
Este devenir de emociones punzantes
inquieta el alma en un torbellino arrasador.
Repleto de dudas…en alerta
los sentidos hieren la mente
en un bullicio infernal.

La soledad es un destino pesimista
que desnuda infinitas horas esclavas del dolor continuo…
latente.

En erupción hiriente los huesos hambrientos de ilusión
estallan escuálidos como frágiles cristales.
Genuina la verdad no se apega al relato que añoro…
prefiero la invención de algún adivino…piadoso e
                                        indulgente.

Al fin me alcanza un rayo de sol que promete este único
                        instante mágico…real y anónimo.
¡qué el calor de tus besos me encandile!
¡qué me abracen la piel hasta absorber
¡La fuerza que la resucite!
Que me amen….
Que me dejen vivir tiernamente
con el pulso aferrado
a mis seres queridos.

INMORTALIDAD

La inmortalidad es una ilusión que no traspasa los
                                    umbrales de la mente.
A solas simplemente
esperamos que la realidad no nos desvele
Besamos la brisa y nos perdemos en proyectos
del después...
sólo existe hoy este instante perfecto
Y desprolijo

Este aire que nos acaricia en silencio
y el sabor intenso de la menta
fresca de tu boca amor
que me apasiona y me provoca pasar el umbral
Otra vez

BESANDO CALLADO

Ensayo los matices de un color
recorriendo sonrisas en tus labios, enciendo auroras en
                    la mente, cerrando los ojos...
besando callado.
Un tanto solitario y taciturno
el corazón palpita tu nombre por lo bajo,
sin pensar...
con el tibio abrazo del sol sobre la piel
con la raíz viajando los vientos sin retorno
con el ayer remontado en un cielo diferente.
Con Dios ...con vos...conmigo misma...
Abrazados al deseo profundo...... de ser ...más allá de la
                    ventana ... dos viajeros
Encendiendo horizontes entre rojos intensos
sumergidos en el secreto de compartir un sueño y un
                    destino....

Amar...y ser amado.

MIRADA FUGAZ

Si encuentras una estrella fugaz...
Rescátala
porque no recuerdo cuándo se extravió de mi universo
pero sé que no la encuentro en mi mirada.
Todo desde entonces es distinto...
las lágrimas se acobardaron desde lo oscuro
y sin expresar su temor
se transformaron en duras rocas...
La razón por la que te lo cuento hijo querido,
¡es porque duele tanto perder aquel incalculable brillo!
Tú que viajas por las nubes abrazando todos tus sueños
                                    acaramelados...
mirando siempre al cielo....
búscala por mí
Y cuando la encuentres
pídele que regrese,
que no imagina cuánto me está faltando.

SOLEDAD EN GAJOS

El ánimo se suspende en una letra arrepentida
estallan como cristales
las hojas de la rama cohibida....
Y sentir...
La injusticia de la cuadra inmensa
robando la figura de la sombra amada.
Y sentir...
Que los ojos no duermen en espejo
ciegas son las horas
¡de la eternidad tirana!
...soledad,
Que cuelgas en las ramas del poeta
la voz de los que callan,
pisando estás la arena de mi cuerpo
moribundo en la forma limitada.
......soledad,
acuna en tus brazos un sueño y danza....
Hay en mi rama una letra
que agoniza palabras.

NATALIA

Mágicamente descubro que en tu sonrisa amarran las
estrellas
conmovidas por el universo inexplorado de tu niñez...
De los cometas escalando el azul de tus sueños.
Y sólo con un beso tuyo lo real y verdadero de la vida,
me concedes en un segundo.
Natalia...
El sonido de tu nombre es todo lo que amé
desde que el primer rayo de sol acarició mi alma
Y Dios me mostró su rostro cuando me acercó el tuyo y
te acuné hasta el alba.
Mi pequeña inquieta...
que se abraza a una nube en la montaña
y apareces saboreando un cuento delicioso.
Dueña de un manantial tu mirada calma toda
incertidumbre
Y en ella se extiende el horizonte ...
donde se suelen amar y anidan los pájaros que has
admirado.
¿Dónde está el truco Natalia?
Se pregunta la lógica a la que te le has escapado,
corriendo alrededor de la luna
las dos cubiertas de puro blanco.
¿Dónde está el truco Natalia?
De tu magia infinita, que nos hace aplaudir la dicha
que haces aparecer cada día...
en todos los rincones de la casa.

PENSAMIENTOS

Inválida es la barbarie que se fuma toda lógica,
que descarna pensamientos con su voracidad primitiva
y clava puñales de ira contra todo el que se resista a
                                        respirar...
las premisas de su magra sensatez.
Inválida es la muerte que se exhala a destiempo, que de
                                        irrefrenable
frustración nos deja víctimas de un hedor ruin
                                        sofocando el aire,
en un cielo donde las promesas agonizan
los rosarios apenas se susurran
y Dios en su luto...no cesa de llorar en silencio
                        crucificado en tanta inmensa soledad.
Inválida es la palabra que ya no tiene oración y que en
                                        tanta confusión
ha perdido su dignidad.
Inválida es la sombra que se pretende sostener sin luz...
Así de inválida ...como hombre que se escapa al reflejo
de su alma y prefiere sepultar ideales...para vender
                                        falacias.
Inválidos son los que refutan sin ánimo de buscar verdad,
los que sólo polemizan seducidos por el poder de
prevalecer en la disputa, soberbios se regocijan con su
                        plática y omiten conciliar.
Inválido es un invierno sin sonrisas para compartir...
Sin una mano que sostener...sin caricias...
Sin un universo que contemplar.

Pero si hay una mano que sostener
una caricia ansiosa de amar
un cordón umbilical gestando cálidos sueños azules
una pura razón que valga cada gota de mar, cada grano
de arena
cada paso que dar...
Habrá un camino válido para seguir
para vivir mejor
Habrá para Dios un rincón en el corazón donde un
pedazo de sol lo conmueva...y así quiebre la cruz que le
hizo la indiferencia y resucite para siempre...en nuestra
integridad.

PÉTALOS EN EL AIRE

Es de noche y el cielo huele a pasto húmedo recién cortado.
La lluvia se niega a soltarse el cabello,
y el calor hipnotiza los sentidos hasta desvelarlos.
Susurro íntimos besos etéreos,
exhalo tu nombre con cuidado
como pétalos que endulzan el aire…
cada letra sacia silencios de plenitud.
El universo se amarra a las sábanas
para acariciar la luz que reflejan infinitos… en la claridad
de tu mirada.
Tu alma es la brújula que orienta el destino de mi amor
eterno,
tu piel inquieta mis poros hasta volar en caricias,
amantes de cada segundo desnudos,
alborotados por el continuo trinar del verano…
los cuerpos danzan sin pausa…sin prisa.
Suelto el cabello hasta desenredar tus lágrimas
y exhalo tus besos como pétalos al aire
invisibles para la humanidad florecen…
…en la brisa que respiran los ángeles.

PUÑOS CERRADOS

Cerró fuertemente el puño atormentado
Ausente de caricias...
se desplomó
Prisionero en sus muros fríos
repasando las imágenes de su insensatez
suspendido en la oscuridad
los pensamientos confusos enloquecen sus delirios,
la vida se exhala con dolor e impotencia.

En la invisibilidad de la mirada intransigente
la ciudad
transita sus venas en un vértigo de luces insultantes.

Él permanece inmóvil
Joven...atemporal
Rígido
todo en gris.
A su alrededor los demonios inventados asisten...lo
                                    hipnotizan ...y luego escapan
sin abrazos.
Las drogas lo desvelan, pero no lo conmueven
la verdad de su historia
atraviesa la carne, los huesos...el corazón....

Extraños y sensatos... testigos y verdugos

en justa distancia ......prudentes
furtivos frente al acto y sus miserias

apuramos el paso
más espectros que tú …en sobriedad,
nuestros demonios nos alcanzan.
Socavando el bolsillo de la piedad
entre monedas frías …
la virtud se desgracia
Frente a frente…sin encontrarnos
nos extraviamos en la esquina del desquicio
enmudecidos… ignorados…entre puntos suspensivos
con los puños bien cerrados.

RENACER

Y...sin más testigo que el dolor
mis besos cayeron al abismo,
como pétalos que dejaron sin color a la rosa...
perdidos sin la forma de tus labios.
Desorientados por el frío...sangrando sus últimos
                                       rojos...desparramados
murieron en el intento de querer construir nuevas rosas.
Y ahora...
que mis ojos queman
que la voz se desgarra en un silencio alborotado
que la realidad desnuda mi cuerpo herido,
el alma que creí muerta aún abriga la semilla que pongo
                                              en tus manos;
con la misma nitidez en sus rojos
con el aroma que ayer inspiraban tus pasos,
ante un invierno que nos creyó vencidos
para que juntos abracemos la tierra que llene de rosas el
                                              jardín y los labios.

RESISTIR

Últimamente, las únicas frases que leo son diagnósticos
sobre mi biología abrumada
carentes de realismo mágico
Las palabras describen con crudeza
las imágenes cuyos contornos
han perdido el camino inicial.
Escucho pronósticos
los digiero y vomito rebeldía...
Me resisto a que la muerte se cuele
entre las líneas de mis manos
revuelva mi ropero
se pruebe mis vestidos
dance en mis zapatos.
Le suplico olvide mi anatomía asustada
la detengo en el umbral ...
hasta poder calmar la niña que patalea
fuertemente sus berrinches
La abrazo en la intimidad, la busco trepada al ciruelo
consuelo los relatos...las mentiras
los juegos prometidos en potencial
Y sólo cuando la gratitud
nos ponga de pie a ambas ...y estemos listas para la visita
la casa
abrirá la puerta ... atravesarás el umbral
y serás bienvenida.

SOMOS

Somos un ápice de luz
Una célula del universo
Una diminuta razón involuntaria que existe
                                        simplemente...
para impulsar la inmensidad.
Somos un grano de arena que el viento manipula a su
                                        antojo
pero que en su conjunto hace altares a los besos del mar.
Somos la gota de agua que se diluye fácilmente
anónima...transparente, pero que puede por un
                                        instante deslizarse
a través de un manantial.
Somos simplemente un deseo impostergable...únicos
equilibristas desafiando las leyes de la gravedad.

SON SÓLO HOJAS

Recorrer...la fragilidad de su diminuta fisonomía
desprendiéndose de todo esplendor
crujiendo la queja por la forma perdida y el silencio
hiriente de la soledad monocromática
Así desparramadas caen sentenciadas al olvido
Ellas pertenecen a la tierra húmeda ahora
atrás quedaron los días gloriosos sublimes
de la magnificencia
aquellos donde el sol las palpaba y el viento
desafiaba sus equilibradas formas
Todo pasó rápido preciso necesario
lejos de sufrir sólo se entregan a su destino
quizás gobernadas por el otoño gris y perezoso
Sólo se apagan simples sencillas
desnudas de toda pretensión
pero increíblemente superan toda expectativa
cuando se deslizan en conjunto
bebiendo los sabores del aire
cambiando paisajes en instantes

formando imágenes
trascienden ...
Sostenidas ahora en la mirada de los que se han deleitado.

SÚPLICA

Si una súplica bastara para conmovernos,
con sólo sentir la caricia de la brisa despabilándonos las
ganas...
Si pudiera....
Detener la velocidad insultante con que la muerte apaga
miradas
Y trepa hasta consumir el desierto de la lágrima no
expresada.
Los rojos del miedo se desparraman hacia la nada,
Y la indiferencia ...el "ya fue" ...
Se hizo un rezo insolente para cada alma que calla.
¡si nos quisiéramos un poco más cada día!
Si no nos sedujera tanto la vana imagen del espejo,
el mundo irreal de las ambiciones que sólo esclavizan,
eL poder del éxito que se diluye en la íntima soledad...
Seríamos simplemente nosotros mismos... ¡libres!
Desnudos de la miseria indigna de sobrevivir imágenes a
cualquier precio.

Si....
Dios de lo infinito y de lo próxima,
Te suplico...te suplicamos
No permitas un amanecer no encontrado a tiempo
por un soñador ansioso de alabar tu obra;
ni que la tierra reciba por siembra un mar de sangre,
en el que los jóvenes naufraguen sus ideales perdidos.
Que la hora de la resignación no llegue nunca
Y el silencio no nos haga extraños hasta para Ti.

Porque entonces no habrá que temerle al fin sino… a la eternidad.

EL SER Y LA NADA

Cuando el significado se desprende
despreocupado de sus razones existenciales
el pulso en su acción fluye
El músculo se acciona
los sentidos trazan caminos de luz.
El ser y la nada desenredan los conceptos
que los distancian
buscando un espacio que los comprenda.
Y en un universo de oraciones
paralelas
se funden sujetos ... en predicados apasionados.
Cuando el deseo en su delirio
destierra ...el génesis que condiciona los destinos
caen rendidos al piso los trapos ...estrechos ...insípidos
                                        que los acaban
Y así...despeinados
desnudos...descalzos
entrelazados y vivos....
Rinden tributo a las nuevas palabras...
susurradas al oído
de un presente diferente.

LA PALABRA QUE NO ESCRIBO

Ahogado en la impotencia del hermetismo infinito.
Me despojo de metáforas
y en la flaqueza de mi realidad
quiebro las hojas de mi vida…
tarareando un tango que nos llore a ambos.
Se congelan mis manos
y lo ignoras,
no logro disimular mis torpezas...
Me desvelo en busca de virtud...
amo lo espontáneo de una sonrisa distendida
me hiere la ironía…y tu pesimismo
es ciertamente un insulto a Dios…
Y tú lo ignoras…
Ignoras tantas cosas sobre mí
que temo caer en el anonimato.
Pido una tregua al corazón…viejo….
Mi viejo exiliado en sus frustraciones
Embriagado de bohemia sin retorno.
Pido una tregua para que vos
encuentres ese título que quedó pendiente,
para que le pegues un abrazo fuerte al niño que fuiste
y consueles al hombre que se detuvo en el ayer...
¡Ay viejo! … me duele hasta la palabra que no escribo
y me desangra cada punto... cada coma
que me distancian de tu lado.
El título quedó pendiente…
Y el final
El final está abierto.

INSTANTE

Solo…
Soles,
Soledad….
Soleada,
Solitarios…
Sol…
Sola
Silencio…fumar …huir
Uno más uno …dos
Matemática comprensiva.

PRISIONERO

Una ráfaga de ira extenúo sus labios
condenándolos a la ausencia del beso.
Amargo fue el verbo que no supo deletrear
cuando cayeron uno a uno púrpuras….
los deseos sumergidos en íntima soledad.
Desnuda la lágrima no se confiesa
y es la mirada un iceberg herido en inmutable hostilidad.
Cuando el invierno se expandió en su infortunio
nevó sobre su cuerpo…ciega…
la ingobernable obscuridad.
La muerte hace sombras con sus manos,
y las imágenes desgarran los sueños
dejando miserias a merced de la humedad.
La celda es una suma de cicatrices que estallan
la mente sangra almanaques que sólo puede restar…
Una ráfaga de ira...
Un sopor hediendo, consumiendo el hálito
y en medio de la nada ….
Caídos los puñales….
El infierno se mofa…
de tan burda humanidad.

ESQUELETOS

Abrigo la pena de unos labios desiertos
Me confundo en la arena áspera de soledad sin sombra...
y junto esqueletos de ilusiones
frágiles pasiones que sucumbieron
sin ruido
sin tumbas
en el anónimo abismo de indiferencia infame.
Consuelo la incertidumbre de una mirada ausente
Acaricio la pesadez de los párpados agobiados
...en tanto horizonte estrecho
y me deslizo entre los surcos de las manos áridas.
Descalza ...sin prisa
susurro metáforas
como plegarias aladas
en la búsqueda incisiva de un instante
intermitente de emoción, que nos rescate
de la indolencia infame.
Temo por el poema aún no escrito
por la sangre que no se pudo contener
por los desencuentros
por las mentiras que ahondan las heridas del hambre.
Y temo...
Por esos labios niños partidos...secos
en un invierno desnudo de besos
sin canciones infantiles...
ni aroma a pan saboreando cuentos.
Confieso que temo por mí
porque el poeta no abriga sus propias penas

avanza sin escudos… ni reservas...
entregando el alma sin descanso.
Batalla una y otra vez
hasta agotar significados
Y cuando no alcanza
cuando se cansa de juntar esqueletos de ilusiones
Sufre…
en la soledad de los argumentos vencidos
y aunque quiere …no puede
aliviar el infierno
en el brote de sus lágrimas.

ACÉRCATE

Transformar la inmensidad del crepúsculo
en un infinito flotar de estrellas,
desabrocharlas una a una
con la timidez aprisionando la garganta
con el suspiro inofensivo del alma ingenua
y unos lirios tibios en los labios.
Aferrados a la pasión...
que sigilosa desliza sus embrujos
entre las mantas nocturnas...
avanzas tiernamente
hipnotizado en sus encantos...
conmueves los sentidos ...
El amor...te espera
con el perfume a rosas que le abrigó el viento
como una arcilla que en sus poros
ansía trascender su esencia...
la ilusión de ser mujer
moldeada en el arte de tus brazos...
Acércate aún...
hasta que la aurora nos cubra al despertarnos,
hasta que los pájaros
confiesen la alegría de Dios en sus cantos.
Avanza...acércate...
que los lirios calman su sed en mis labios,
que danzando el cielo tus húmedas caricias
te descubro aquí...
En la inmensidad de nuestro cuarto.

AMOR

Amor…con la ternura desbordando caricias en los labios
Amor…de mañanas sonrientes en la luz de nuestro abrazo
Amor…de los paisajes abiertos …
Libres…en el azul amado
Amor …del alma espejando un oasis
en el camino soñado
Amor… eres tú
Cuando me fundo en el brillo de tus ojos …amándonos

PRELUDIO

Caía la tarde al amor rendida,
con gusto a vacío lloraba sonrisas...
Creía en el sentimiento...
Inocente vivir ...perdido.
El mar tomó su costa y dejó frío,
cuando en busca de amaneceres
hundió al recuerdo en un baúl de olvido.
Sangraba la ilusión el fin del canto,
la letra como la noche se fue estrellando.
Entonces la tarde tembló distante...
al golpear la roca su sufrir solitario,
y trepando entre las olas...
Se esfumó con los barcos.

APARIENCIAS

Irremediablemente,
víctimas de la copiosa vanidad humana,
iniciamos una búsqueda desenfrenada de éxitos y
                                        aprobaciones
hasta que tropezamos con las penas y las ocultamos bajo
                                        el rostro.
Ellas son la mezcla entre las perfecciones que fingimos,
nuestros postulados máximos de la apariencia…con lo
                                        propio…
aquello que se nutre por las venas e ignoramos…
el mundo interno que encerramos entre paredes,
de carne y ambición.
Existimos en común
hasta confundirnos en un yo ajeno,
los modelos abundan en precio y calidad,
el consumo nos fuma,
los ideales envejecen archivados
cómodamente en los límites del sistema.
La intriga por el destino
está contemplada en la marca que fija la moda,
y nos mudamos de nosotros una y otra vez,
hasta que al final del camino
cargamos una valija repleta de anónimos,
tan pesada como el vacío amargo del ser interno.
Absurdamente caemos en la nada…
Sin nombres…
las etiquetas se desprenden,
nadie nos atiende, es el otoño comercial

de un producto más…nosotros mismos,
los que
como el figurín de una revista en desuso
inútil de conservar…se desecha.

ESPERANZA

No se ha ido todo....
Fue sólo la calma del deseo
que apaciguó tormentas
y sembró desiertos
y asfixió estrellas prolongando silencios,
en una monotonía muda de insultos
y hambrienta de verbos...
No se ha ido todo....
fue sólo el azar del tiempo
que deshizo los besos en segundos
y los esparció en un abismo de eternidad...sin sangre
No se ha ido todo...
Aún nos queda tibio el ansia del ayer
latiendo cada encuentro,
el hogar que construimos
con el espíritu de nuestros sueños despiertos...
y esa magia que nos hizo respirar el mismo cuerpo.
No se ha ido todo....
Si te buscas en mis ojos aún puedes hallarte
mi mente y mi alma pronuncian tu nombre
y acaricio cada letra que hasta mí te trae.
No se ha ido todo....
Extrañarte sería .... la esclavitud
dónde todo o nada, ...
La dicha...la tristeza ...la pasión
La calma....
Cada palabra
la virtud...

Ausentes de razón caerían muertas sin ruido
sin honores…sin plegarias.

SI SUPIERAS

Si supieras que el amor que te ofrezco,
no tiene más abrigo que el rocío fresco que recorre tu
                                    figura cada mañana
y huele a pétalos majestuosos cuando tú
los alcanzas.
Si supieras....
Que te ofrezco el vuelo infinito... íntegro
en el roce del encuentro
saborear lo sagrado de un sueño inmenso
para despertar un abrazo en eco con lo eterno.
Si supieras
que este sentimiento desborda toda lógica
hasta rendir tributo a la lágrima fecunda.
que cristalina y pura
desliza sus ansias desnuda por la piel
Si supieras que el amor que te ofrezco...
no es efímero...
trasciende la pasión
desparrama colores vivos... en un arte etéreo
verdadero... en tu cielo
Mi amor...es
sólo si es nuestro...
Tan fuerte como la raíz que sostiene y no hace alarde,
tan genuino como el agua que generosa
no pierde en busca de sabores su máxima virtud.
Tan cálido como un haz de luz que el sol ofrece...
Para dar vida
sin someter la tierra que conquista.

HOMBRE SIN CONTORNO

El frío que gobierna los huesos se inmortaliza
y el abrazo es ….
la ausencia prolongada del hombre sin contorno.
El amanecer hiere con su esplendor la verdad
explícita
cegando con su luz la voluntad diezmada.
Los insultos de su estómago lo enloquecen
y el esfuerzo por callarlo lo impulsa a levantar la mano.
El precio de la piedad, quién lo estipula
¿en un vertiginoso ir y venir de almas asfaltadas?
A la prisa sólo la detiene el dolor…
él lo sabe bien.
La fiebre de sus recuerdos lo atormentan...
Y las miradas esquivas
Son los puñales que lo resucitan a la realidad
extendiendo su agonía.
Él …levanta la mano...
Para rendirse ante la impotencia de ser
el eterno desconocido.
Ayer…como el soldado que fue
a conquistar el sueño del suelo amado
Y la guerra con su ira
le escupió mil demonios sin tregua
dejándolo sin piernas en el umbral de la locura.
A merced del olvido…en el exilio de los derrotados.
Hoy
Como el mendigo que se arrastra en las conciencias,
    enemigo que quiebra la armonía de las almas alineadas

Esclavo entre silencios incómodos
sus cicatrices aún no paran de sangrar…
Cada vez que la piedad
se despabila
…
Por los ruidos molestos de su estómago.

MITADES DE LIMÓN

Mediodía tendido a la soga de un sol abstracto.
La casa desencajada prepara la mesa,
Ella ...en cuadriculada tristeza recorre la monocromía
del mantel ...sus dedos desaliñados e inquietos
apuran la faena.
La estufa no consigue descongelar sus rasgos
en un incendio de nieve.
Mitades de limón
agrietando las palabras.
Consumiendo el humo a bocanadas
Él ...sostiene la copa que lo pierde.
La escena burda... punzante,
se empaña entre las lágrimas
de la mujer
que gotea reproches frente al espejo,
mientras ajusta el dolor del niño que se prende a sus
                                                    faldas.
Mitades de limón....
Para la furia.
Y así...
detenidos en el espacio reducido
de los argumentos gastados
ponen punto y aparte
a un día más.
Mitades agrias. exprimidas...asfixiadas
Vencidos ...en retirada
los cuerpos desterrados del amor
Famélicos

dejan sobre la mesa
sus migas ...desparramadas.

EL HORIZONTE DE MI MAR

Y vi tus ojos que fueron el horizonte de mi mar
cerrarse aquel día...aquel día
Sentados nosotros en una roca solitaria,
escuchando yo tu tiempo...soñando fuera mío
navegando recuerdos en el vaivén de cada ola,
Amarrados al paisaje grabado en tu retina
donde las piezas resbaladizas de nostalgia...nunca
                                        perfectas,
sólo encajaban maravillosas en la inquietud de mi
                                        asombro.
Y allí...anclados en mundos distintos
permanecíamos durante horas
buscando la orilla imaginada.
Fuertes y decididos
vencimos los naufragios del olvido,
trazando puentes ...entre tu cielo y mis estrellas.
Soplar sentimos el viento
vos y yo de la mano
Y de tu mano no hubo miedo.
Hoy...
EL mar se ve distinto, las olas aún esconden
algún tesoro nuestro.
Me siento en una roca
ahora somos dos las solitarias.
¿Pero sabes una cosa abuelo?
Simplemente allí me encuentro... entre esas piezas
                benditas que encajan nuestro tiempo
con la sal de tu mar y mis azules intensos

Y aunque un día …tus ojos sin rendirse
Se fueron…
En el horizonte de mi mar
Estamos tomados de las manos.

NES

Sólo en tus ojos reflejo
la imagen más amada de mi ser
y confundo entre tus brazos firmes ...
y al desnudo
mis formas con tus formas
uniéndose al querer.
Trepo los ideales de un sueño despierto
pensando en reencontrarte ...vivo
Y redimo
los hilos de la desazón que me cuelga el tiempo
Aguardo
el oasis de tu boca estremeciendo el alma
y suspiro la gloria
de la luna filtrándonos la piel
Te espero
como gaviota que proyecta en el cielo
la calma de un vuelo sostenido
En plenitud ....
Te busco
en un manantial sediento de besos,
de sus aguas rescato tu nombre
grabado profundo en las arenas de mi cuerpo.
Te amo....
Y hago eco de este amor inmenso
que engrandece las montañas desde sus entrañas
Abrazando el universo
subo lo más alto tan sólo con pensarte,
y a Dios suplico

escuches....
Este "te quiero" interminable.

APATÍA

Como volar no pude por mi ala herida,
me conformé con rastrear las nubes más cercanas,
hasta que descubrí que las jaulas me eran cómodas
y olvidé volar cuando aún podía.
Cierta vez mientras la tarde desfallecía entre sus rojos
penetrantes, me propuso ir en busca de la plenitud de la
                                                    luz,
uniéndome a su cielo en un vuelo apasionado.
Y yo
desde mi egoísmo remoto
desde mi estupidez plácida
quedé arrinconada en mi jaula que entonces me ofrecía
                                                    todo.
Todo....
Que poco me resultó todo
cuando no pude volar hacia el amor.
Entonces enloquecí,
busqué un atardecer como aquel...
Golpeé mi jaula...creí en mi vuelo.
Para entonces encontré
que el cielo...el sol
y la primavera me desconocían
hasta mis pares ignoraron
que tenía más de un ala rota....

DESAMOR

Lejano sentir el nuestro
que se transforma y es nada,
que enturbia el alma cercana
haciendo un sepulcro… al misterio.
Pensar sin lucha
rendido,
sorda queja adormecida,
el hombre cae sin su bahía
Y el tiempo lo borra entretenido.
Ser sin glorias ni olvidos,
el alma no muere…llora
Es que el tedio sembró sombras
sobre el amor perdido.

DISTANCIA

Amar a la distancia
Duele.
Más...
Reencontrarte ha valido
cada minuto negado
No sé si la luna te contó cuánto
Te amo...porque sé que se lo dije
Te extraño...
Cómo el eco que sin montaña
perdió el oficio de entregar y recibir...
Que en la búsqueda frenética de tu voz
estalla palabras...tristemente adormecidas.
Amarte me hace transparente
libre ...una luz cálida
Que se cuela en tu alma, enciende el deseo
hasta desvelar los besos piel a piel
Amor ... al viento desparramado
mis sentimientos se desprenden
gestando rimas para rodearte
Y se empañan ...
En la inquietud herida
de mis lágrimas cuando partes.

LLUEVE

Cuelgo…el último invierno en el viejo ropero gris.
Y con él duermo
el perfume de mi nombre que lo desarticuló la moda
…el polvo
y la soledad entre cerraduras y llaves.
Desde lo antiguo de mis pertenencias…leo
como líneas en mis manos,
que al destino le queda poca emoción
más dudas que ilusiones.
Afuera llueve,
me pierdo en la mancha de un arte deslucido
para evadir tu retrato en la repisa,
ese que completamente inmóvil
aún me tiene atrapado y a ti te ha hecho
esclava de mi insistencia …
De la blancura de tus vestidos, sólo queda
el afán con el que los acaricio.
Los resguardo en papel azul
como los dejaste.
La casa se derrumba, aunque intento
que los silencios no detonen los muros
pero es inútil.
He quemado el sofá con el cigarro
fue un descuido,
uno más entre tantos.
Suelto un tango de memoria
el gato me observa sin interés,
la música es el puente que rescata

mi mente empantanada
Afuera ya no llueve...
Adentro diluvia.

TUMBAS DE SAL

…Los vuelos de la muerte
Tumbas de sal
sobre el regazo del vientre herido.
Orillas clandestinas contorneando la muerte
confunden las pisadas del verdugo intolerante.
La ira en esplendor despliega
sus alas de acero frías
en un vuelo desterrado de gaviotas.
Los cuerpos no se resisten
la gravedad los devora
Pero sus nombres…indómitos
Diseminados…permanecen en manos del sol…
iluminando memorias.
Tumbas de sal
el horizonte es un camino repleto de cruces
visibles sólo en las
miradas fijas…desconsoladas
de las madres que aún lloran mojando sus pies.
Tumbas de sal
Sin flores en la superficie …los pensamientos
hacen jardines en la profundidad del océano
la paz tiembla tiritando a solas
en la búsqueda
De argumentos redentores …
Tumbas de sal raspando las rodillas de Dios…
Los vientos cambian
las gaviotas …vuelven.

LA PELOTA

No sé si vino a mí o yo corrí tras ella,
Sucedió...
No sé si dolió conquistarla
en ese vértigo apasionado de inquietud divina
que provoca ir tras sus encantos.
Ingratamente...
Ni siquiera recuerdo su color,
lo que sí sé es que cuando mi pie
la rozó por primera vez se metió por la piel
la prisa de su magia.
La marque de cerca,
aprendí y me enseñaron a tratarla,
¡tropecé ...me levanté tantas veces!
Los golpes los curaba mi vieja con su merienda
y mis sueños bajo la almohada.
La pelota me enseñó que crecer es arriesgar.
Y me puso a jugar,
compartirla costó...
Hasta descubrir que a todos nos pasaba lo mismo.
Perder el control de su destino
imaginar que corría riesgo su integridad
terminaba toda rivalidad,
y nos hizo más que equipo
verdaderos amigos.
El potrero fue el alma de las tardes de mi infancia
y el corazón impaciente aguardaba el grito de gol,
que cuando llegó anónimamente inolvidable
sucedió algo imprevisto,

le puse un nombre distinto…el de un grande de mi época
el de un grande como vos…
Sí muchachos …querida "sele"
ustedes inspiran con su talento,
iluminan sueños
y sus estadios están en todas partes.
La pelota los trajo hasta aquí,
hay equipo cuando la cuidan,
cuando asumen riesgos
y valoran el esfuerzo juntos.
Cuando avanzan, confían en sus decisiones
afrontan debilidades…las defienden
Y se levantan
porque el juego sigue e intentar es …crecer.
Un equipo no tiene estrellas,
tiene un firmamento en sus pies
cuando afianza sus lazos de confianza,
suma voluntades,
reconoce sus errores,
potencia sus virtudes…
No se embelesa con el brillo individual,
sólo trasciende cuando encuentra el equilibrio justo
entre la pasión y la razón,
para sobreponerse al vértigo de la inspiración
con la humildad del que conquistó su don
y se dispuso a crear.
Si recorren brevemente los momentos más felices
de sus vidas,
no será el recuerdo de sus rostros en el que piensen
porque en esos momentos
nuestros espejos son los rostros de quienes están

celebrando con nosotros
la felicidad tiene la mirada del otro...
Muchachos
Cuando empaquen sus cosas para el viaje,
revisen que no falte esa vieja y querida pelota,
la que los enamoró
los vio crecer,
Porque si ella rueda y juega...muchachos...
Habrá potrero para rato.

COMO UN PÁJARO

Esta encrucijada lastima
Quiero elevarme y escapar
Cómo un pájaro
Atravesar el abismo del ombligo
Y extenderme en un vuelo
Sublime Hacia el infinito
Donde las ilusiones se palpen
Y se adormezcan en silencio los presagios dolorosos
Que
los dones concedidos se libren
¡Del destino sepulcral!
Y que en la profundidad de un origen luminoso gesten
Sus alas triunfales para ser
Más allá de un cuerpo inerte …un haz de luz
Quiero...
Volar alto …valiente y constante
Cómo un pájaro
En la búsqueda
De ese aire calmo que sosiegue
Las asperezas
Y el cansancio,
Hasta abrazar fuerte y sostenido
Ese cielo cálido
Liviano
Y en equilibrio.

LA CASA

Vaciando cajones,
remendando anhelos
Deslizando los miedos por la espalda
crujen contra el piso sin quejas
los deseos adormecidos sin afán.
En los rincones han quedado las voces atrapadas
entre telarañas y alguna mancha de humedad
que las sobrevive.
La mente se inquieta en un laberinto
de tiempos conjugados sin retorno,
y se empañan de melancolía
los ventanales del jardín.
La mirada se pierde en un instante de belleza
que no cabe en la maleta que palpo
y no acaricio.
Los abrazos ya partieron...
Las camelias han crecido esbeltas ...fuertes
su sombra es ahora el cielo
que contiene
un éxtasis de gloria y color.
Beso sus brotes sabiendo
que ya son libres de mi custodia.
Vaciando cajones...
sacudiendo el polvo de los pies,
cierro la casa .
La llave es la cicatriz que la reserva,
pienso en las camelias...
a veces,

Y sonrío mientras me alejo
imaginando el abrazo de su sombra.

LA HORA GRIS

Espero asistas cuando empiece la hora gris,
que descuelgues la tristeza del cuerpo desnudo
abandonado al olvido en la oscuridad.
Enciende una vela y una plegaria,
enjuaga la escarcha de tus ojos....
Besa el nombre para que no olvides su esplendor ...
y suéltalo para que libre
regrese al inicio de todas las cosas.
Desabrocha las penas
y deja que se desparramen por el suelo...
Que se diluyan...que las absorba Dios.
No temas al tiempo de la ausencia
guarda sólo los recuerdos que te hagan sonreír.
No reproches ...
No te aferres al silencio ni al pasado
Camina firme hacia adelante
¡Sé valiente!
Que la aurora te roce la piel
y el milagro de su luz te sorprenda.
Que los sentidos se despabilen
y que vivas en plenitud.
Espero que asistas...que la hora gris
se nos escape de la memoria
y que sólo te acerques para susurrarme al oído
que las palabras siguen vivas.

ÍNDICE

Pastora..*11*

Alas a las tres..*13*

Adiós..*15*

Amar..*16*

Anoche..*18*

Cambios sedientos..*20*

Canción de cuna..*22*

De contusos y sombras..*23*

Corrupción..*24*

Danzar..*26*

El viejo..*27*

Desengaño..*29*

Desolación..*30*

Dos extraños..*32*

Hasta que duelan los pies..*33*

Hediondos humores..*34*

Impares..*35*

Incienso..*37*

Insisto..*39*

Inmortalidad..*40*

Besando callado..*41*

Mirada fugaz..*42*

Soledad en gajos..*43*

Natalia..*44*

Pensamientos..*45*

Pétalos en el aire..*47*

Puños cerrados..*48*

Renacer..*50*

Resistir..*51*

Somos..*52*

Son solo hojas..*53*

Súplica..*54*

El ser y la nada..*56*

La palabra que no escribo..*57*

Instante..*58*

Prisionero..*59*

Esqueletos..*60*

Acércate..*62*

Amor..*63*

Preludio..*64*

Apariencias..*65*

Esperanza..*67*

Si supieras..*69*

Hombre sin contorno..*70*

Mitades de limón..*72*

El horizonte de mi mar..*74*

Nes..*76*

Apatía..*78*

Desamor..*79*

Distancia..*80*

Llueve..*81*

Tumbas de sal..*83*

La pelota..*84*

Como un pájaro..*87*

La casa..*88*

La hora gris..*90*

*Quiero agradecer a todas las personas que han hecho posible
que este libro se convirtiera en una realidad:
A mi familia, a Néstor, a mis hijos y a mis amigos
Carlos y Gloria Luz Gutiérrez y Federico Díaz Granados.*